27

Ln 16552.

NOTICE

SUR M. POTHIER,

MAGISTRAT ET CÉLÈBRE JURISCONSULTE D'ORLÉANS;

PAR

M. VERGNAUD-ROMAGNESI,

Membre de la Société impériale des antiquaires de France,
et de diverses Sociétés littéraires, scientifiques, archéologiques et agricoles
françaises et étrangères,

« Monsieur POTHIER (1), le plus célèbre des jurisconsultes
« de l'Europe, a rendu d'éminents services à sa patrie, surtout
« en traçant la route dont il ne faut point s'écarter pour donner
« au droit français une unité, une clarté et une durée qui doi-
« vent devenir la sauvegarde de tous les intérêts de famille en
« France. »

Tels sont les sentiments exprimés par le Procureur général
si distingué près de la cour impériale d'Orléans lorsque les
Parquets furent consultés pour discuter et arrêter les bases du
Code civil français. Et à l'occasion du Code criminel, il ajouta :

« Monsieur POTHIER a droit, plus qu'aucun autre légiste, à la
« reconnaissance générale pour avoir démontré que la *question*
« et les tortures n'avaient jamais été qu'une cruauté sans utilité
« pour éclairer les jugements criminels; et c'est à son insis-
« tance et à sa persévérance éclairée qu'on en doit la suppres-
« sion. »

Nous faisons précéder par ces deux jugements sur M. Pothier,
d'un homme bien compétent (2), la Notice que nous publions à
l'occasion de l'érection de la statue de ce grand homme, pour

rappeler à la génération actuelle tout ce qu'elle doit d'estime et d'affection au jurisconsulte philanthrope qu'on honorait de son temps, au point de se découvrir au barreau lorsqu'on prononçait son nom, usage conservé chez nos voisins d'outre le Rhin.

Notice.

Robert-Joseph Pothier, et non pas Potier, comme on l'a écrit à tort, surtout à l'étranger quelquefois (3), était né à Orléans, le 9 janvier 1699, du mariage de *noble personne* Robert Pothier, conseiller au bailliage et juge présidial d'Orléans, et de dame Marie-Madeleine Jacquet. Ces deux familles étaient anciennes dans la magistrature et recommandables à Orléans. Né faible et éprouvant une croissance très rapide, il perdit son père étant très-jeune, et il dut aux soins assidus d'une mère affectionnée et d'une éducation alors peu ordinaire, l'affermissement d'une santé délicate et un amour du travail qu'il conserva toute sa vie.

Ses premières études au collége d'Orléans furent remarquables. Il était alors dirigé par les Jésuites qui firent tous leurs efforts pour acquérir à leur ordre un jeune élève distingué, ainsi qu'ils en usaient à l'égard de tous les étudiants marquants. Mais leurs tentatives échouèrent devant les représentations affectueuses de son excellente mère, qu'il vénérait. Toutefois, il conserva toute sa vie de l'attachement pour l'état ecclésiastique, au point de servir chaque jour à la cathédrale la première messe, et de penser qu'une des plus grandes perfections chrétiennes était de vivre dans le célibat.

Sa piété forte et vive était exempte de faiblesse et accompagnée d'une grande indulgence pour les autres, ce qui peut-être donna lieu de lui reprocher une trop grande tolérance en matière religieuse, et de le taxer ensuite à tort de bayanisme et jansénisme (4).

Sa jeunesse et son adolescence se passèrent calmes, paisibles et studieuses. Ses succès lui donnèrent le goût des lettres qui

ne l'abandonna jamais. Les auteurs latins et italiens, les poètes
surtout, chose singulière, firent ses délices pendant tout le cours
de sa vie si occupée de matières abstraites, en mathématiques
et en droit. L'Université d'Orléans était alors très florissante et
les professeurs de droit très renommés. Il y étudia avec fruit et
s'y distingua par son aptitude et par des connaissances acquises
rapidement dans cette étude alors si ardue. A 21 ans, il était
déjà digne par son savoir et la rigidité de sa conduite, d'entrer
au sein de la magistrature française, et en 1720 il succéda aux
dignités de son grand-père et de son père en qualité de conseiller au Châtelet d'Orléans.

Le *Digeste*, cette réunion mal coordonnée des lois romaines
qui servaient alors de base à des jugements en France, était
encore très confuse. M. Pothier tenta de débrouiller ce cahos.
Ses essais pour classer ces lois, connus de M. Prévost de la
Janès, professeur de haute réputation à l'école de droit d'Orléans, furent signalés par lui au chancelier Daguesseau, et com-
mencèrent la réputation du jeune magistrat orléanais. Ce chancelier érudit encouragea bientôt ces utiles travaux, et, en 1748,
parut la première partie de son travail (*Pandectæ justiniani*) *les
Pandectes justiniennes, rédigées dans un nouvel ordre.*

Le professeur Prévost de la Janès étant mort, M. Pothier fut
nommé, à son insu, à sa *chaire*. M. Guyot était alors l'agrégé du
professeur décédé. M. Pothier refusa d'abord de le remplacer,
en raison du droit qu'avait à la survivance M. Guyot; mais enfin
il accepta, à la condition de donner la moitié des émoluments
à M. Guyot, qui les refusa, et devint son intime ami.

Au cours de son professorat, M. Pothier établit des conférences
pour les jeunes légistes et il récompensait leurs efforts par des
médailles dont lui seul faisait tous les frais (5).

La timidité et la modestie de M. Pothier étaient telles, même
dans un âge assez avancé, qu'ayant été appelé à Paris pour con-
férer avec le chancelier sur des matières de droit, et s'étant
présenté à son audience sans avoir été introduit, il revenait
tranquillement à Orléans, lorsqu'il fut arrêté par des amis, qui

lui procurèrent une audience particulière, où il reçut les excuses du chancelier, motivées sur sa négligence à se faire annoncer. Comme président de son tribunal, il interrompait parfois les avocats, discutait les objections pour et contre, et terminait en disant brusquement : *la cause est entendue.* Mais l'affection qu'on lui portait et le respect qu'on avait pour ses décisions étaient tels, que le barreau ne se plaignit jamais de ses interruptions.

Les nombreux travaux de M. Pothier lui laissaient peu de temps de libre ; néanmoins il trouva toujours le moyen de remplir les fonctions si précieuses de nos Juges de Paix actuels dont il eût béni la création. C'est ainsi qu'il devint l'arbitre de nombreuses discussions, d'intérêts de familles, et leur évita bien des procès.

Ses rares erreurs, lorsqu'il en commettait, et quel homme n'en commet point, étaient pour lui un supplice, et il employait tous les moyens de les réparer. Ayant donné à une dame veuve un conseil qui lui fit perdre une partie de sa fortune, il la força d'accepter de lui un dédommagement. Ayant soupçonné un savoyard employé dans sa maison de lui avoir dérobé une pièce d'argenterie qu'on retrouva ensuite derrière un meuble, il fut lui faire sur la place publique, en présence de ses camarades, des excuses de l'avoir cru capable d'un larcin.

Possesseur d'une belle fortune, il en était prodigue en bienfaits, de telle sorte que sa bourse se serait souvent trouvée vide sans la prévoyance de sa fidèle bonne Thérèse qui avait le soin de faire des réserves sur l'argent qu'on lui payait, pour ses besoins et pour ses vêtements qu'elle renouvelait malgré lui.

Il travaillait ordinairement assis dans un vieux fauteuil, quelquefois à quatre pieds, et le plus souvent couché au milieu de ses livres ouverts et épars dans son cabinet, où Thérèse mettait un peu d'ordre en son absence. Il était tellement préoccupé des matières qu'il traitait, que souvent, malgré sa ponctualité pour les audiences, il en eût oublié l'heure si son domestique ne la lui eût rappelée ; alors il partait si précipitamment, qu'un jour, ainsi que le raconte M. Recullé, un de ses contemporains, il mit

sans devant derrière la perruque de son domestique pour la
sienne; ce dernier s'en étant aperçu, le rattrapa dans la rue
des Hôtelleries qui conduisait alors au Châtelet, et lui remit sa
perruque dont ils firent tout bonnement l'échange dans la rue
même.

Il se délassait de ses travaux le jeudi soir, par une promenade
sur les remparts de la ville; et, pendant les vacances, par un
séjour dans sa triste maison de campagne de Luz, près de Saint-
Péravy, route de Châteaudun.

C'est de là qu'il écrivit la lettre curieuse dont nous avons par-
lé qui lui occasionna quelques chagrins de la part de dévots mo-
roses (6). Sa piété chrétienne était sincère et éclairée, mais sans
bigotisme et sans excès, de même que son intégrité et sa déli-
catesse étaient inaltérables et bien connus. Il blâmait hautement
les représentations burlesques et théâtrales du culte, alors trop
en usage, tout en respectant les rites de l'Eglise, comme il vi-
tupérait avec sévérité le plus petit défaut de probité. Il fut assez
souvent visité par des jurisconsultes étrangers, entre autres par
Henri Kellingausen qu'il avait invité à un repas frugal assaisonné
ainsi, selon les expressions de son billet : « Venez, je vous ré-
« serve une petite question de droit romain qui n'a pas encore
« été traitée ; nous la discuterons entre la poire et le fromage,
« si vous l'avez pour agréable. » Après sa mort, les savants
étrangers qui visitaient le lieu de sa modeste sépulture, en em-
portaient souvent un peu de terrre. En 1747, il avait accepté contre son gré les fonctions d'échevin de la ville, et ce fut en cette
qualité que, monté en robe sur un maigre coursier, lui grand
et maigre aussi, le cou penché, par suite d'une négligence de
bonne dans sa jeunesse, il contribua à une publication solennelle
par la ville, précédé de tambours et de trompettes, et fit une
singulière figure, quoiqu'il se tint ferme à cheval, ce dont il avait
l'habitude. (7)

Les nombreux ouvrages de M. Pothier ont été tellement dé-
crits et commentés que nous nous contenterons d'indiquer les
principaux, tels que les *Pandectes de Justinien mis en ordre*, ses

Traités des obligations, de la communauté, du douaire, des donations, et enfin la coutume d'Orléans.

Le 2 mars 1772, au milieu de ses travaux, et aux trois quarts environ de sa carrière, à 73 ans, il fut enlevé à ses anciens élèves, à ses amis et à ses compatriotes, par une fièvre maligne qui résista à tous les soins empressés et affectueux des médecins de la ville.

Ses collègues, ses élèves, ses amis nombreux et toutes les autorités d'Orléans assistèrent au service solennel, que lui fit faire à la cathédrale le corps de ville; et à son inhumation vers le milieu de la galerie occidentale de l'ancien grand cimetière. Il fut placé dans le mur, vers sa tête, et gravée sur un marbre, l'inscription suivante, due à M. Ducoudray, littérateur et maire d'Orléans.

Hic jacet

Robertus Josephus Pothier,

Vir juris peritiâ, æqui studio,

Scriptis consilioque

Animi candòre simplicitate morum

Præclarus,

Civibus singulis, probis omnibus

Studiosæ juventuti

Ac maximè pauperibus

Quorum gratiâ pauper ipse vixit,

Æternum sui desiderium

Reliquit,

Anno reparatæ salutis 1772

Ætatis verò suæ 73.

Præfectus et ædiles

Tam civitatis nomine quàm suo

Posuere (8).

M. Breton de Montramier proposa alors de placer dans la salle de l'Université où M. Pothier donnait ses leçons, cette inscription qui n'y fut que crayonnée sur sa chaire :

Hic docuit

Robertus Josephus Pothier antecessor,

Idemque in præsidiali judicum consessu consiliarius;

Pandectarum restitutor felicissimus ,

Scholarum et fori lumen ,

Cujacio Molinæoque non absimilis.

Doctrinâ et moribus præstitit ;

Ille viam munivit expeditissimam

Ad legum cognitionem,

Hic exstinxit legum sanctimoniam.

De nombreux éloges de M. Pothier ayant été publiés depuis sa mort, nous terminerons cette esquisse biographique en remémorant les divers écrits, inscriptions, portraits et bustes qui honorent sa mémoire en France.

Ses manuscrits ayant été remis par sa famille à M. Guyot, son ami et son collègue à l'Université, il les publia avec une courte Notice sur leur auteur ; et l'imprimeur, M. Rouzeau-Montaut, ajouta en tête, dans l'édition qu'il réimprima en 1781, un portrait de M. Pothier, fort ressemblant, peint par Le Noir, et gravé avec talent par Vin. Vangélisty.

M. Jousse d'abord, puis M. le comte de Bièvre, publièrent chacun un éloge de M. Pothier; bientôt M. de Montramier en fit imprimer un en latin, et M. Le Trosne un autre en français.

M. de la Place de Montevray, ancien professeur à l'Université, ancien Procureur syndic de la commune d'Orléans, ancien premier Président de la Cour d'appel, se chargea, dans la *Biographie universelle* (dite de Michaud), de l'article de M. Pothier, qu'il traita *ex professo*, et qu'il publia ensuite séparément avec une addition.

En 1810, lors de la destruction de la rue de l'Ecrivinerie, pour donner un accès plus facile à la Préfecture, la maison de M. Pothier, où il mourut, alors possédée par M. l'abbé Mérault, ecclésiastique distingué par ses écrits et par ses bienfaits, fut un peu entamée, et on lutta contre le Préfet qui lui avait donné le nom de rue de la Préfecture pour lui imposer, à tout jamais, celui de M. Pothier ; puis, on plaça dans le mur de cette habitation, aux frais de la ville, cette simple inscription :

Robert-Joseph Pothier habitait cette maison ;
Il y est mort le 2 mars 1772.

M. l'abbé Gaudry , alors juge de Paix , avait proposé cette inscription convenable :

Hac in Domo
Robert. Joseph. Pothier
Manebat
Juris
Interrogabat, respondebat, scribebat
Oracula.
Pius , simplex , pauperum pater
Aureliæ decus
Obiit anno rep. salut. MDCCLXXII.

Vers 1817, un modeleur orléanais, M. Poumet, fit paraître un petit buste de M. Pothier.

En 1818, M. Romagnesi aîné soumit à la ville un projet de statue de Pothier dont nous avons conservé le programme. M. Pothier, *négligemment drapé dans sa robe, devait être assis dans son fauteuil, la tête inclinée vers des livres épars sur sa table et sur le sol. Derrière lui étaient des instruments de torture brisés.* Cette statue, un peu plus grande que nature, devait être élevée sur la petite place de la psalette de Sainte-Croix, en face de la maison de M. Pothier, pour éviter que la hauteur et l'immensité de la cathédrale n'en diminuât l'effet.

On se borna à lui demander un buste qu'il exécuta en grand et en petit modèle en s'inspirant d'un portrait peint du vivant de M. Pothier, par Cals, élève de Coignet, et possédé par les descendants de M. Le Trosne qui l'avait fait faire presque malgré M. Pothier, et sous la condition de ne point le montrer lui vivant. (9)

Il existait bien aussi un buste de M. Pothier, mais il est plus que douteux qu'il ait été modelé de son temps, puisqu'il avait avec peine posé pour son portrait ; la cour impériale d'Orléans le possède aujourd'hui (10). M. l'abbé Gaudry avait proposé pour le buste fait par M. Romagnesi ces quatre vers :

> Dans son cœur simple et pur, la justice eut son temple,
> Elle lui révéla ses sublimes décrets,
> Ses mœurs aux magistrats doivent servir d'exemple,
> Ses écrits ont dicté le Code des Français.

Nous avions donné de notre côté à M. Romagnesi ces quatre rimes :

> Modeste, sage, instruit, Pothier tira les lois
> D'un cahos ténébreux ; il fixa tous nos droits.
> Ses écrits des Français font les Codes divers ;
> Orléans l'a vu naître, il vit dans l'univers.

Vers l'année 1820, M. Langlumée publia un fort beau portrait de M. Pothier, lithographié par Jacob, orné d'allégories en tête, et avec ces vers au bas :

> Confusam patrii molem componere juris
> Non potuit Cæsar, non Tullius ipse, nec ulli
> Ex illis, dùm Roma fuit, potuere Quiritum.
> Ausus idem, pietate insignis ut ingenii vi
> Potherius propriâ feliciter arte peregit ;
> Quæque Tribonianus *congesta reliquit eodem*
> *Non benè junctarum, discordia fragmina legum,*
> *Hæc ille evolvit cœcoque exemit acervo,*
> *Dissociata locis concordi pace ligavit,*
> Justinianæamque, alter velut ipse creator,
> *Congeriem secuit, sectamque in membra redegit,*
> Nostraque Potherio duce et auspice rettulit ætas
> Optatos olim frustrà tibi, Roma, Triumphos.

Ce portrait fut fait d'après le buste en marbre sculpté par M. Romagnesi aîné.

En 1822, la Société académique d'Orléans avait proposé un prix pour un éloge de Pothier; huit concurrents se présentèrent et un neuvième arriva malheureusement trop tard. Quatre éloges furent distingués; l'un, de M. Desportes fils, obtint le prix et fut imprimé dans les Annales de l'académie, M. Jallon fils eut un accessit, et une mention honorable fut accordée à M. Paillet alors avocat, et si estimé depuis par ses nombreux travaux de jurisprudence ; quant à l'éloge remarquable du neuvième auteur retardataire, M. Champignau, avocat, il fut lu avec plaisir dans les *Étrennes orléanaises* de 1823, publiées par Huet-Perdoux. En 1823, l'ancien grand cimetière étant converti en halle au blé, M. le Maire d'Orléans dut céder, à la sollicitation de nombreux habitants, et notamment de son vénérable adjoint, fondateur de notre musée, M. de Bizemont père, et faire exhumer (11) les restes de M. Pothier pour les transporter dans la nef latérale nord de la cathédrale, d'où ils ont été encore transférés dans un autre lieu de la même Église. A la même époque, un orfèvre d'Orléans fit, du nom de M. Pothier, une spéculation mercantile en faisant exécuter par Vivier et frapper une médaille en son honneur. Elle représente à l'avers le buste de M. Pothier d'après la gravure de 1781, avec cette légende :

R.-F. Pothier. nat. Aureliæ, M. DC. XCIX. OB. M. DCC. LXXII. En exergue on lit le nom de l'orfèvre « Dumareille, edidit. » Au revers sont deux figures de femme drapées, à gauche la Justice tenant une balance au-dessus d'une pile de livres et plaçant de sa main droite une couronne sur une urne posée sur un piédestal orné au centre d'une main entourée d'un serpent, de deux torches renversées, et d'une lampe antique allumée. A droite se voit la Religion, tenant la croix de la main gauche, appuyant la droite sur l'urne, et derrière elle un petit autel avec une croix et la bible ouverte.

La légende porte « *utrique vitam impendit,* » l'exergue : « *exc-*

— 13 —

qui.^{um} solemnia. instaurata. in. eccles. cathed. aurelian nov. XVII. M. DCCC. XXIII.

En 1852, possédant le manuscrit complet de Dom Gérou desti-
né à l'impression par lui-même, et un volume d'un de ses con-
tinuateurs que je crois être M. Foucher de l'Asscray, qui nous a
donné ces volumes, où se trouve un article sur M. Pothier , je
m'étais chargé de sa biographie dans les hommes illustres de l'Orléanais, mais je cédai bien volontiers la place à M. Huot, magistrat et écrivain d'un grand mérite. Ma notice de 1852 est refon-
due dans celle-ci.

Depuis ce moment, plusieurs voix se sont de nouveau élevées
pour qu'on fît une statue à M. Pothier, et en 1846, M. Dantan aîné
exposa au musée d'Orléans une charmante statuette de Pothier,
en même temps qu'il en exposait une de Jeanne d'Arc à cheval,
pour un coucours qui malheureusement n'eut pas lieu. Enfin, en
mai 1857, M. Frémout, conseiller à la cour impériale, communiqua
à la Société académique d'Orléans une excellente étude sur les
jurisconsultes orléanais , et eut l'heureuse pensée de proposer
et de faire accueillir par l'Académie et ensuite par les autorités
le projet d'élever par souscription une statue à M. Pothier. Bientôt une commission fut nommée, la souscription fut ouverte (12),
le sculpteur, M. Vital Dubay, fut choisi sans coucours; et après
avoir hésité entre la petite place de Sainte-Croix (la psalette) et
l'ancien emplacement de l'Hôtel-Dieu, pour l'érection du monument ; cette dernière place a été préférée par la commission.
La pose de la première pierre du piédestal a eu lieu le 23 mars
1859, et l'on y a déposé, outre des pièces d'or et d'argent de
l'année, une des médailles données par M. Pothier à l'un de ses
élèves, et un volume publié par M. Frémont, intitulé : *Recherches
historiques et biographiques sur Pothier.*

Le piédestal portera cette simple inscription : *A Robert-
Joseph Pothier* ; il aura 3 m. 65 c., la statue 3 m., et tout le
monument 6 m. 65 d'élévation.

Avril 1859.

NOTES

DE LA NOTICE SUR M. POTHIER.

———

(1) Le respect pour M. Pothier s'est conservé tel à Orléans que, contrairement à l'usage reçu de prononcer le nom tout court des hommes marquants, on y fait toujours précéder le sien par *révérence*, dit un contemporain, du mot *Monsieur*.

(2) P.-Hector Sézeur, ancien procureur au châtelet de Paris, né et inhumé à Boiscommun, accusateur public près la haute cour nationale, fit tous ses efforts pour y évoquer, dans de bonnes intentions, le procès de l'infortuné Louis XVI. Il devint ensuite accusateur public près le tribunal criminel du Loiret, et, enfin, procureur général, chevalier de la légion d'honneur, baron de Boismandé, etc. Il voulut bien nous donner quelques éléments du droit français, dans un temps où il n'existait plus d'écoles publiques, et nous gratifia en termes flatteurs, dans son testament, de ses livres et de ses précieux papiers.

(3) Dans son acte de baptême, par le curé de la paroisse de Sainte-Catherine, M. Chambon, son nom est écrit sans *h*, mais son père et son oncle, son parrain, signèrent leur nom avec l'*h*, suivant l'usage de leur famille. Au surplus, le curé s'y montre peu soucieux des formes légales et même françaises, car on y lit ainsi : *Eglize, cathédralle, mareine.*

(4) Nous avons extrait ces détails de vie intime, de papiers de famille où se trouvent des notes de notre grand-père, qui avait à M. Pothier des obligations, et avec lequel il était lié d'amitié et de parenté éloignée.

(5) Une de ces médailles, donnée par lui à M. de Buzonnière, son élève, a été scellée dans la boîte mise sous la première pierre du monument en construction de M. Pothier.

(6) Il écrivait, de Luz, à son collègue, M. Jousse, une lettre déjà re-
produite, dont nous citerons quelques passages relatifs à une procession
qui avait eu lieu à Saint-Péravy à l'occasion d'une mission... « Pour
« observer l'ordre chronologique, Adam marchait en tête... il était tout
« couvert de feuilles de vigne qu'on avait cousues à ses habits, et il te-
« nait à la main une grande branche d'arbre à laquelle on avait atta-
« ché cinq ou six pommes... Venait ensuite Saint Jean-Baptiste... Il
« était suivi par les *onze* apôtres, car on avait exclu *Judas* de la pro-
« cession; ces apôtres étaient vêtus d'aubes avec de grands rubans rou-
« ges passés en croix par devant et par derrière, bien *frisés*, *poudrés*
« et guêtrés, apparemment comme prêts à partir pour aller annoncer
« l'Evangile...; l'un portait une *épée*, l'autre une *hache*, un autre por-
« tait une *scie* qu'on avait empruntée au charron du village...; au ri-
« dicule près, tout s'est passé avec assez de dévotion, et les *Simon* se
« plaignirent d'avoir très peu débité de vin après la procession... »

(7) Voici le portrait peu flatté qu'en fait un contemporain : il était
d'une taille élevée mais mal prise, et dépourvu de tout noble maintien;
pourtant ses yeux étaient vifs et expressifs, et son visage avait un air de
bonhomie qui inspirait la confiance. Il marchait plutôt difficilement
que mal, portant toujours sa tête penchée par suite d'accident ou de
faiblesse. Il était gauche dans ses gestes et dans ses mouvements, et
même très-maladroit, quoiqu'il montât assez bien à cheval, surtout à
Luz, où il entretenait un coursier d'assez bonne allure.

(8) En 1824, à l'occasion de l'exhumation des restes de M. Pothier,
nous avons tenté une traduction de cette inscription :

Ici repose
Robert-Joseph Pothier,
Homme illustre par sa science dans le droit,
Par la sagacité de son jugement, par ses écrits,
Par ses sages conseils, par la douceur de son âme,
Par la simplicité de ses mœurs et par son éminente piété,
Il est mort l'an de grâce 1772, à l'âge de 73 ans,
Vénéré par ses concitoyens pour son savoir et sa probité,
Regretté à jamais de la jeunesse studieuse
Et des pauvres,
Pour lesquels il vécut pauvre lui-même.
Les magistrats d'Orléans, tant en leur nom
Qu'au nom des habitants,
Lui ont élevé ce monument.

Voir nos Notices sur les cimetières d'Orléans, 1 vol. in 4°, autographié en 1824.

(9) C'est ce même portrait qui se trouve aujourd'hui dans la salle d'audience de la cour impériale, dont Mme Simonin, née Lebrun, et M. Marcille ont fait des copies dont une est au musée d'Orléans.

(10) Ce buste, fait on ne sait à quelle époque ni par quel modeleur, avait été acheté à la vente d'un procureur de la ville par M. Bomberaut, marchand de meubles, et était possédé par M. Bruère, son gendre, dont le fils en a gratifié la cour impériale d'Orléans.

(11) Ce fut alors qu'on retrouva l'inscription tumulaire de M. Pothier enlevée du grand cimetière, portée alors à la porte Barentin, dans le chantier de M. Le Brun, architecte, qui l'avait conservée, puis achetée par M. Payen, marbrier. Elle fut par lui restituée et placée à Sainte-Croix avec cette addition :

« Avec l'autorisation du Roi, sur la demande des habitans d'Orléans, « les restes de R.-J. Pothier, inhumés au grand cimetière de cette ville, « le 4 mai 1772, ont été exhumés et déposés en ce lieu le 17 novembre « 1823. »

Depuis cette époque, M. Pothier en a été exhumé de nouveau et réinhumé de même à Sainte-Croix, dans la chapelle attenant à la sacristie de l'Evêque.

Le procès-verbal d'exhumation, imprimé en 1823 et aujourd'hui peu répandu, contient après les soins minutieux apportés à la reconnaissance précise de la sépulture de M. Pothier les renseignements curieux qui suivent :

Le cercueil à demi consommé se trouvait à deux pieds sous terre, il devait avoir eu 6 pieds de long ; le squelette y était couché sur le dos au milieu de terres éboulées, sans avoir été dérangé, les os des mains et des pieds avaient seuls disparus, la tête *avait été évidemment inclinée sur l'épaule gauche, résultat d'une habitude pendant la vie*, plutôt que d'un vice de conformation. Ce squelette avait d'une extrémité à l'autre 1 m. 73 c. (5 pieds 4 pouces). Les magistrats, les autorités de la ville étant présens à cette exhumation, ainsi que plusieurs habitants et nous-même, les médecins et chirurgiens, après avoir reconnu l'identité du squelette de M. Pothier, firent remarquer qu'il restait aux tempes seulement des restes de cheveux d'un *blanc roussâtre d'environ 6 lignes,* et sur le bas de *la mâchoire, de la barbe plus blanche que les cheveux,* ce qui indiquait un vieillard ayant porté perruque, etc.

(12) Le 25 mars 1859, cette souscription s'élevait, avec le concours des tribunaux et cours, avocats, avoués, etc., etc., de la France et de l'étranger, à 30,248 fr., somme insuffisante encore pour le monument.

ORLÉANS, IMP. CONSTANT AÎNÉ.